El ciclo de nutrientes

Lisa Greathouse

Asesora

Jill Tobin
Semifinalista
Maestro del año de California
Burbank Unified School District

Créditos de publicación

Rachelle Cracchiolo, M.S.Ed., *Editora comercial*
Conni Medina, M.A.Ed., *Gerente editorial*
Diana Kenney, M.A.Ed., NBCT, *Editora principal*
Dona Herweck Rice, *Realizadora de la serie*
Robin Erickson, *Diseñadora de multimedia*
Timothy Bradley, *Ilustrador*

Créditos de las imágenes: Portada, pág.1 All
Canada Photos/Alamy; pág.19 Courtney Patterson;
págs.4 , 5, 8, 12, 14, 15, 16, 18, 19, 20, 21, 23, 24, 30, 32
iStock; págs.10, 11 Monique Dominguez; págs.13, 25, 28,
29 Timothy J. Bradley; las demás imágenes cortesía de
Shutterstock.

Teacher Created Materials
5301 Oceanus Drive
Huntington Beach, CA 92649-1030
http://www.tcmpub.com
ISBN 978-1-4258-4696-1

Contenido

El ciclo de los nutrientes

Es importante reciclar para proteger el medio ambiente. ¿Pero sabías que la naturaleza recicla todos los días? La naturaleza toma las sustancias viejas y usadas, y las convierte en cosas que se pueden volver a usar. El reciclaje se puede producir, por ejemplo, en forma de agua que cae como lluvia dentro de un lago. Se puede encontrar en las hojas que caen de un árbol al suelo y se convierten en alimento para el suelo. Se puede encontrar a escala más grande cuando una ardilla muere y se convierte en la comida de un zorro. Este es el ciclo de la vida. Y debe permanecer en equilibrio.

Todos los seres vivos necesitan ciertos **nutrientes** esenciales. El ciclo de los nutrientes describe el modo en el que estos ingredientes esenciales nutren la naturaleza. Los nutrientes se mueven del medio ambiente hacia los seres vivos para ayudarlos a desarrollarse. Luego, los nutrientes se vuelven a reciclar en la tierra, el aire y el agua del planeta. El ciclo se produce en los **ecosistemas** de la Tierra. La materia y la energía fluyen por estos sistemas cuando los seres vivos se alimentan, se digieren y se desplazan. El ciclo de los nutrientes ha energizado el mundo desde hace mucho tiempo. Si lo protegemos, puede ayudarnos a sobrevivir por mucho tiempo en el futuro.

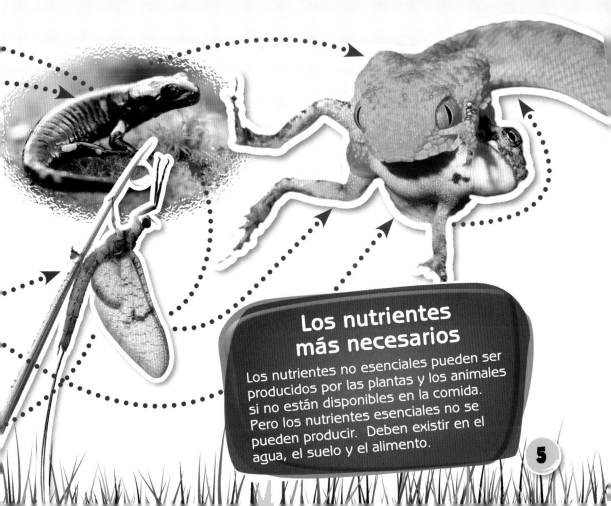

Los nutrientes más necesarios

Los nutrientes no esenciales pueden ser producidos por las plantas y los animales si no están disponibles en la comida. Pero los nutrientes esenciales no se pueden producir. Deben existir en el agua, el suelo y el alimento.

El ciclo del agua

El ciclo de los nutrientes está constituido por ciclos más pequeños. El ciclo del agua es una parte vital de este proceso. Las plantas y los animales (incluidos los seres humanos) necesitan agua para sobrevivir. Es fundamental para nuestra supervivencia. El cuerpo está formado principalmente de agua. La necesitamos para que la sangre siga circulando por el cuerpo. Y la necesitamos para crear energía. Pero también la perdemos constantemente. Es importante que los seres vivos se repongan bebiendo agua.

El agua se mueve y cambia de forma de maneras que nos permiten sobrevivir y desarrollarnos. El agua puede ser líquida, como el agua en un vaso o en el océano. Cuando el agua se calienta lo suficiente, se convierte en gas, como sucede con el vapor. Cuando el agua se pone muy fría, puede convertirse en un sólido, como el hielo. Otros cambios se pueden ver después de una tormenta. Puedes pisar un charco o ver cómo se forman las gotas en las hojas. El calor del sol convierte ese charco de líquido a gaseoso. Este proceso se llama *evaporación*. Cuando estas gotas se elevan y se enfrían, forman nubes. El gas vuelve a convertirse en líquido. Este proceso se denomina *condensación*.

evaporación

Agua de dinosaurios

El agua que bebes hoy ha estado en el mundo desde hace mucho tiempo. ¡De hecho, tal vez sea la misma agua que tomaban los dinosaurios hace millones de años! Por supuesto, esta agua se recicló y se limpió de forma natural.

condensación

Los médicos recomiendan que las personas beban ocho vasos de fluido por día para permanecer hidratadas.

Cuando las nubes están demasiado pesadas para permanecer en el aire, las gotas caen al suelo. Pueden caer en la forma de lluvia, aguanieve, nieve o granizo. Esto se denomina *precipitación*.

Parte de esta agua de lluvia cae en los lagos. Otra parte fluye a los arroyos y ríos. Luego, se traslada al océano. El sol hace que parte del agua de lluvia de esos cuerpos de agua se evapore. Y el ciclo vuelve a empezar.

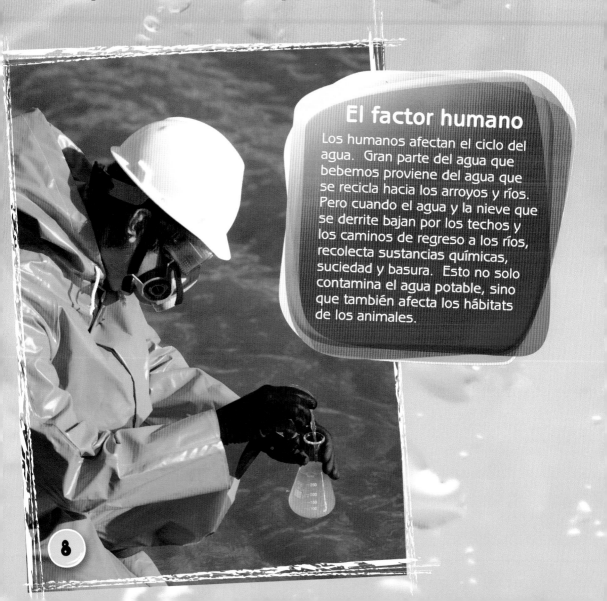

El factor humano

Los humanos afectan el ciclo del agua. Gran parte del agua que bebemos proviene del agua que se recicla hacia los arroyos y ríos. Pero cuando el agua y la nieve que se derrite bajan por los techos y los caminos de regreso a los ríos, recolecta sustancias químicas, suciedad y basura. Esto no solo contamina el agua potable, sino que también afecta los hábitats de los animales.

¿Las plantas sudan?

Es posible que sudes un poco cuando corres. Otra palabra para *sudor* es *sudoración*. Las plantas hacen algo similar. Se denomina *transpiración*. Se trata del proceso mediante el cual las plantas eliminan el agua a través de las hojas. Esto libera vapor de agua al aire.

La Ley del Agua Potable fue creada en 1948 para proteger nuestro suministro de agua. ¡A beber!

El agua y la nieve derretida también empapan la tierra. Esta agua se filtra en la tierra, lo que permite que los árboles y pastos tengan agua. El suelo y la arena absorben el agua y la retienen como una esponja. El agua se mueve debajo de la tierra y entre los espacios en las rocas y el suelo. Esta agua subterránea constituye más del 90 % del agua potable disponible en el mundo. Los árboles, las plantas y los animales usan el agua subterránea. También se puede almacenar en un **acuífero**. Muchas personas obtienen el agua para sus hogares de los acuíferos. El ciclo del agua recicla el agua y proporciona a los seres vivos el agua que necesitan para sobrevivir.

El ciclo del nitrógeno

El agua no es lo único que la naturaleza recicla. Otros nutrientes también cambian de forma y se mueven entre los seres vivos y los no vivos. Uno de estos es el nitrógeno. El nitrógeno nos rodea. ¡Pero jamás podrías saberlo! Este gas no tiene color, sabor ni olor. Pero el 78 % de la atmósfera está hecha de este gas. El nitrógeno es uno de los **elementos** más importantes de la Tierra. Todos los seres vivos lo usan. Las plantas no pueden crecer sin nitrógeno.

Demasiado de algo bueno

La salud del ciclo de los nutrientes depende de que cada tipo de nutriente esté en equilibrio en relación con los demás. Si hay exceso de un nutriente, se puede producir la contaminación de los nutrientes.

El nitrógeno hace que las algas crezcan mucho más de lo que deberían.

Luego, las algas usan todo el oxígeno en el agua y producen sustancias químicas dañinas.

Tal vez haya mucho nitrógeno en el aire, pero la mayoría de las formas de vida solo pueden usar el nitrógeno de una forma especial. Hay **bacterias** que se especializan en producir el nitrógeno que los seres vivos pueden usar. El proceso empieza en el suelo. Ahí, las bacterias especiales convierten el nitrógeno en amoníaco. (Sí, ¡como el producto para limpiar!). Pero el amoníaco es más conocido por matar las plantas que por ayudarlas a crecer. Por eso, otro tipo de bacteria debe intervenir. Son las que convierten el amoníaco en **nitratos**. Las plantas pueden usar los nitratos. Los usan para crear **proteínas**. Y las proteínas les permiten crecer más grandes y fuertes. Muchos animales comen plantas y también obtienen proteínas. Luego, estas proteínas se transfieren a animales más grandes que comen animales más pequeños ricos en proteínas.

Sin oxígeno, es difícil que los animales y las plantas vivan en estas áreas.

Los químicos en el agua afectan el agua potable y hasta pueden dañar a los humanos que tocan el agua.

El nitrógeno también forma parte de la clorofila. La clorofila se encuentra dentro de las células de las plantas. Es la que hace que las hojas sean verdes. Es la que recolecta la energía del sol y la usa para combinar el agua y el **dióxido de carbono** para producir azúcar y oxígeno. Si no hay suficiente nitrógeno en la clorofila, las plantas sufren. Es posible que dejen de crecer y sus hojas podrían volverse amarillas.

Pero el ciclo del nitrógeno tiene más secretos. Cuando un animal muere, las bacterias, los gusanos y los **hongos** se ponen a trabajar. Estos descomponedores ayudan a desintegrar los animales muertos. Esto permite que los nutrientes del cuerpo vuelvan a la tierra.

Ver los gusanos comiendo un animal muerto en el camino puede parecer desagradable. Pero esta es una parte fundamental del ciclo del nitrógeno. Los nutrientes que vuelven al suelo pueden convertirse en alimento para las plantas y luego para los animales. Estos descomponedores incluso liberan el nitrógeno de regreso al aire. Y el ciclo vuelve a empezar.

Energía de las nubes

Las tormentas eléctricas crean mucha energía. La energía ayuda a las moléculas de oxígeno a combinarse con las moléculas de nitrógeno para crear los nitratos que las plantas pueden usar.

Materiales de construcción

Los átomos se unen para formar moléculas. Los elementos son diferentes tipos de átomos.

2 átomos de hidrógeno + 1 átomo de oxígeno = 1 molécula de agua

Un átomo es la partícula más pequeña que puede existir por sí misma.

8 protones
8 neutrones

sustancia

elemento

molécula

átomo

8 electrones

átomo de oxígeno

Una molécula son dos o más átomos unidos o combinados.

Un elemento está compuesto por un solo tipo de átomo. El oxígeno, el carbono y el nitrógeno son elementos.

13

El ciclo del carbono

El carbono se encuentra en todos los seres vivos de la Tierra. Forma parte del aire que respiramos. Está en el agua que bebemos. También está en los brillantes diamantes. Está en el combustible de los automóviles. ¡Y hasta en el lápiz con el que escribes! El carbono es uno de los elementos más importantes en la Tierra.

Pero, ¿cómo obtienen el carbono los seres vivos? Todo comienza por la **fotosíntesis**. Primero, las raíces de una planta absorben el agua y los nutrientes del suelo. Luego, las plantas absorben el dióxido de carbono (CO_2) a través de las hojas. Las plantas usan el CO_2 y la luz solar para producir glucosa, o azúcar. La glucosa le da a las plantas el combustible para crecer.

El carbono se transfiere a los animales cuando estos comen las plantas. Los animales usan el carbono para construir y reparar las células del cuerpo. Cuando los animales comen otros animales, el carbono se sigue transfiriendo.

Antiguos elementos

El carbono es uno de los pocos elementos que se conocía durante la Edad Media. Se descubrió en el año 3750 a. de C. por los egipcios y los sumerios. El cobre, el plomo, el oro, el hierro y la plata eran los únicos elementos que habían sido descubiertos entonces.

El carbono es uno de los elementos más abundantes en la Tierra.

CO₂

Las vacas obtienen el carbono de las plantas que comen. Liberan el carbono en el aire cuando exhalan.

CO₂

El ciclo del carbono no solo implica el movimiento del carbono mientras las plantas y los animales son comidos. Cuando exhalas, devuelves el dióxido de carbono al aire. Pero hay otra manera de devolver el carbono a la Tierra. Cuando las plantas y los animales que las comen mueren y quedan en la tierra, también liberan carbono. Los descomponedores desintegran los cuerpos y regresan el carbono a la tierra. Luego, el carbono puede usarse por más seres vivos. Un átomo de carbono puede volver a usarse una y otra vez. Se recicla a sí mismo. ¡Puede formar parte de muchos organismos distintos a lo largo de millones de años!

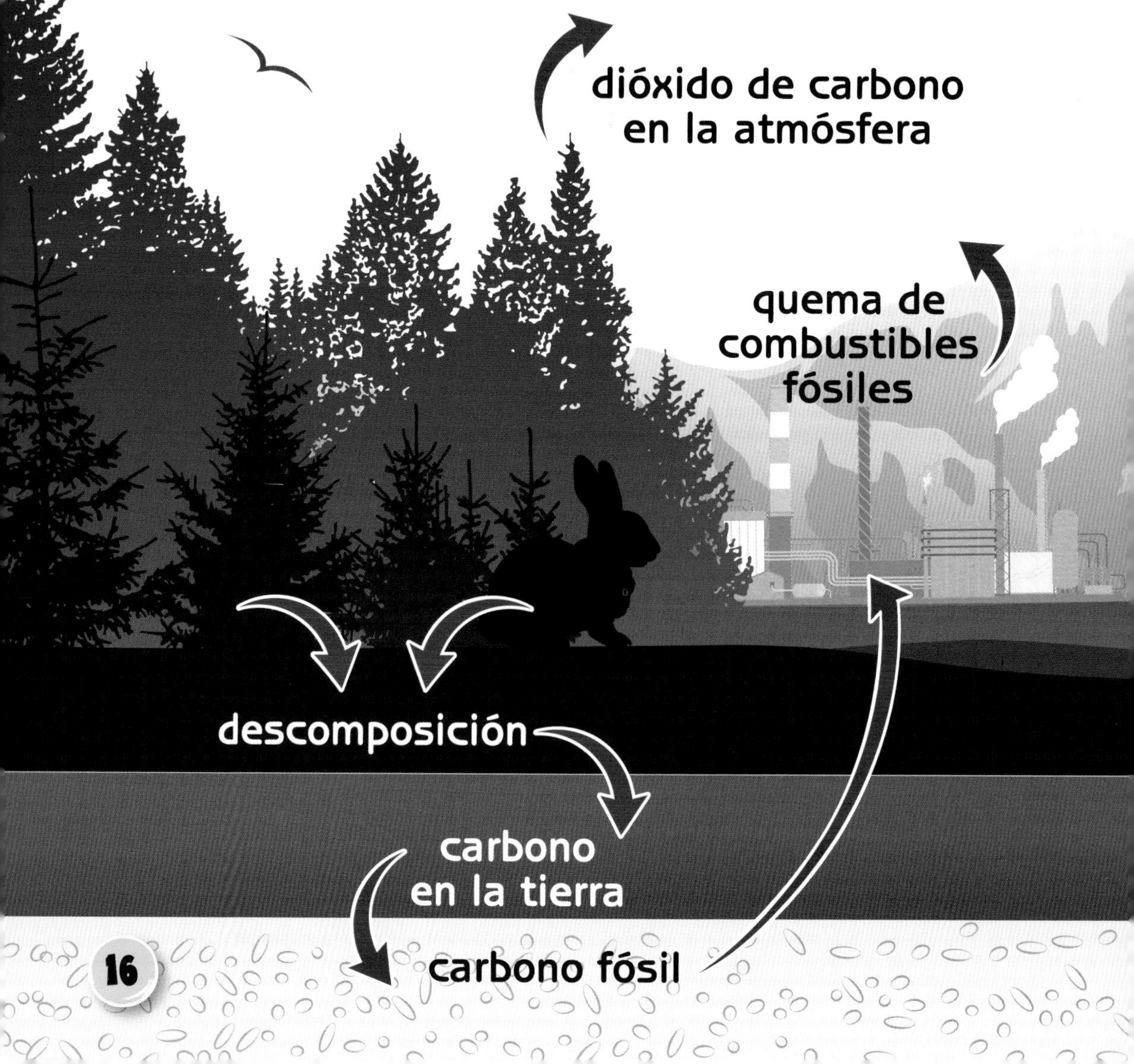

dióxido de carbono en la atmósfera

quema de combustibles fósiles

descomposición

carbono en la tierra

carbono fósil

Pero hay más. Si las plantas y los animales muertos se entierran a mucha profundidad, el carbono puede quedar atrapado. Es posible que no llegue a los seres vivos. Las plantas y los animales muertos atrapados en lo profundo de la tierra a veces se convierten en **combustibles fósiles**. El carbón y el petróleo son dos tipos de combustibles fósiles. El dióxido de carbono se libera al aire cuando los seres humanos queman los combustibles fósiles. Demasiado dióxido de carbono en la atmósfera puede cambiar el clima de la Tierra. Y los resultados son serios.

Caminar más livianos

Cuando los científicos hablan del calentamiento global, con frecuencia piden que las personas reduzcan su "huella de carbono". Una huella de carbono es la cantidad de gases del efecto invernadero, como el dióxido de carbono, que una persona, organización o país libera al aire.

exhalación de dióxido de carbono

ingesta de plantas y animales

Los combustibles fósiles demoran millones de años en formarse. Usamos los combustibles fósiles más rápido de lo que estos se pueden producir; por eso se están acabando.

El ciclo del oxígeno

Inhala profundamente. Ahora exhala. Se siente bien, ¿verdad? Casi todos los seres vivos necesitan oxígeno para sobrevivir. ¡Eso nos incluye a ti y a mí!

Por fortuna, hay mucho oxígeno en el aire. De hecho, el 21 % de la atmósfera está formada de este gas. De ahí, se mueve de un ser vivo al siguiente. Se mezcla en el medio ambiente una y otra vez. Igual que otros ciclos sobre los que aprendimos.

La mayor parte del oxígeno es liberado al aire por las plantas. Este proceso es parte de la fotosíntesis. Las plantas convierten la luz solar en energía al convertir el dióxido de carbono y el agua en glucosa y oxígeno. De algún modo, podemos decir que las plantas "inhalan" dióxido de carbono y "exhalan" oxígeno.

Cuando las plantas liberan oxígeno, los animales y los humanos lo respiran. Entonces, el cuerpo usa el oxígeno para descomponer la glucosa para usarla como combustible. Por último, exhalamos el dióxido de carbono (igual que en el ciclo del carbono). Las plantas usan el dióxido de carbono una y otra vez a medida que liberan oxígeno. El ciclo del oxígeno y el del carbono se combinan para impulsar el mundo.

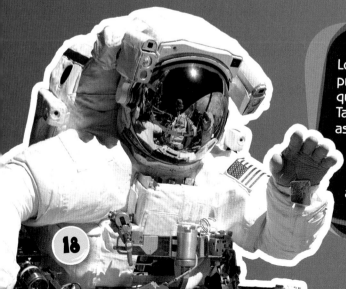

Oxígeno puro

Los trajes espaciales no solo proporcionan el oxígeno para que los astronautas respiren. También rodean el cuerpo de los astronautas con oxígeno para ayudarlos a mantener una presión sanguínea normal. En vez del aire que tenemos en la Tierra, los astronautas respiran oxígeno puro.

Por suerte...

Hay más oxígeno en la atmósfera que casi cualquier otro gas. El nitrógeno es el único gas que hay en más cantidad.

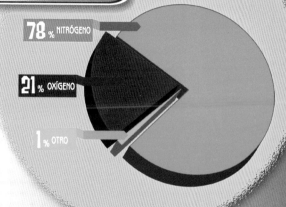

78% NITRÓGENO

21% OXÍGENO

1% OTRO

oxígeno

dióxido de carbono

El oxígeno constituye el 65 % del cuerpo humano. La mayor parte se encuentra disponible en forma de agua.

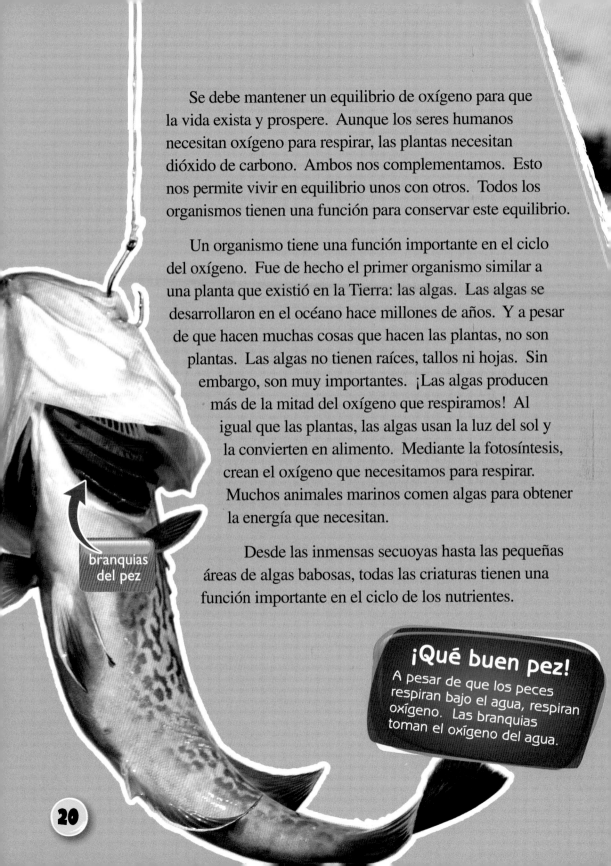

Se debe mantener un equilibrio de oxígeno para que la vida exista y prospere. Aunque los seres humanos necesitan oxígeno para respirar, las plantas necesitan dióxido de carbono. Ambos nos complementamos. Esto nos permite vivir en equilibrio unos con otros. Todos los organismos tienen una función para conservar este equilibrio.

Un organismo tiene una función importante en el ciclo del oxígeno. Fue de hecho el primer organismo similar a una planta que existió en la Tierra: las algas. Las algas se desarrollaron en el océano hace millones de años. Y a pesar de que hacen muchas cosas que hacen las plantas, no son plantas. Las algas no tienen raíces, tallos ni hojas. Sin embargo, son muy importantes. ¡Las algas producen más de la mitad del oxígeno que respiramos! Al igual que las plantas, las algas usan la luz del sol y la convierten en alimento. Mediante la fotosíntesis, crean el oxígeno que necesitamos para respirar. Muchos animales marinos comen algas para obtener la energía que necesitan.

Desde las inmensas secuoyas hasta las pequeñas áreas de algas babosas, todas las criaturas tienen una función importante en el ciclo de los nutrientes.

branquias del pez

¡Qué buen pez!

A pesar de que los peces respiran bajo el agua, respiran oxígeno. Las branquias toman el oxígeno del agua.

Un tigre camina en el agua
con algas en la superficie.

algas vistas en el microscopio

El ciclo del fósforo

Cuando alguien enciende un fósforo o usa fertilizante en un jardín, involucra al fósforo. El fósforo es un elemento químico. Es parte de la familia del nitrógeno. Sin embargo, casi nunca encontramos el fósforo en estado puro. Se combina con otros elementos en la naturaleza. Es muy inestable e inflamable. Esto significa que está buscando unirse a otros elementos y puede incendiarse con facilidad. Además, el fósforo es altamente tóxico. El fósforo es importante, pero es uno de los elementos más escasos.

Algunos compuestos del fósforo se llaman *fosfatos*. Los compuestos son sustancias que se crean cuando se unen elementos. El fosfato de calcio es uno de los más conocidos. Es el mineral del que están compuestos la mayor parte de los huesos.

Aguas sucias

El fósforo es como el nitrógeno. Si llega al agua, puede ocasionar que las algas crezcan demasiado, lo que disminuye la cantidad de oxígeno en el agua. Así es como puedes ayudar a prevenir la contaminación por nitrógeno y fósforo.

- Usa detergentes, jabones y limpiadores libres de fosfato.
- Utiliza la lavadora y el lavavajillas únicamente si están llenos.
- No saques a pasear a tu mascota cerca de arroyos u otros cuerpos de agua.
- Recoge los desechos de tu mascota.
- Apaga los equipos eléctricos o desenchúfalos cuando no los estés utilizando.
- Abre las cortinas para que entre la luz solar en vez de encender las luces.

La Tierra siempre está reciclando el fósforo y se mueve a través de un ciclo. El fósforo se libera cuando una roca se erosiona a raíz del viento, el agua u otras fuerzas naturales. Las plantas absorben el fósforo del suelo y el agua. Los animales obtienen el fósforo de las plantas que comen. Otros animales lo reciben de los animales que comen. Los animales devuelven el fósforo al medio ambiente en sus desechos o cuando se descomponen, después de morir.

erosión de las rocas

descomposición vegetal

ingesta de plantas y animales

desechos y descomposición

Desglose de la red alimentaria

Sin agua, nitrógeno, oxígeno o fósforo no podría existir la vida en la Tierra. Y sin estos ciclos, estas sustancias esenciales se acabarían después de un único uso. Pero en realidad, estos ciclos continúan apoyándose unos a otros. Todos los ciclos que componen el ciclo de los nutrientes tienen algo en común. Están conectados con las cadenas alimentarias. Las cadenas alimentarias muestran el flujo de la energía a través de un ecosistema.

En una cadena alimentaria, las plantas absorben energía del sol y la convierten en combustible. Desde los minúsculos insectos hasta los inmensos elefantes, estos animales comen plantas para nutrirse. Así es como obtienen energía. Algunos animales obtienen energía al comer otros animales. Cuando los animales mueren, los descomponedores desintegran los nutrientes que quedan y los devuelven al suelo. Esos nutrientes se convierten en alimento para las plantas. Y el ciclo vuelve a comenzar.

Cuando las cadenas alimentarias se vuelven más complejas, se llaman *redes alimentarias*. Con frecuencia, en un ecosistema, cada ser vivo es parte de muchas cadenas alimentarias. Las cadenas alimentarias se ramifican en muchas direcciones. Se entrecruzan y superponen. Cuando observas todas las cadenas alimentarias conectadas, lo que ves se parece más a una telaraña.

Cambiar la red alimentaria

La caza es la causa de la extinción de muchos animales. Cuando sucede, otros animales no pueden obtener los nutrientes que necesitan y mueren también. En la actualidad, existen leyes que regulan la caza. También protegemos a los animales que están en peligro de extinción.

La planta obtiene energía del sol y del suelo.

El saltamontes se come la planta.

El puma se come al zorro.

El ratón se come al saltamontes.

El zorro se come al ratón.

25

Un ciclo infinito

La vida en la Tierra gira alrededor de unos pocos nutrientes, invisibles pero esenciales. Los nutrientes más importantes son el agua, el carbono, el oxígeno, el nitrógeno y el fósforo. Cada uno de ellos tiene su propio propósito. Pero también están conectados. Los ciclos de estos nutrientes deben estar en perfecto equilibrio para que el planeta prospere. Conocer cómo funcionan estos ciclos, y cómo el comportamiento humano los afecta, puede ayudarnos a proteger el equilibrio natural.

"Cuando intentamos identificar algo en aislamiento, descubrimos que está conectado con todo lo demás en el universo".
John Muir, conservacionista

Piensa como un científico

¿Cómo ingresan las sustancias químicas al agua subterránea y qué efecto tienen sobre los ciclos de la Tierra? ¡Experimenta y averígualo!

Qué conseguir

- aceite vegetal
- agua
- colorante para comida
- envoltorios de alimentos y otra basura
- tierra, arena y guijarros
- vaso plástico transparente

Qué hacer

1 Vierte una capa de arena en el vaso. Luego, agrega la tierra y los guijarros. Llena lentamente el vaso con agua hasta la mitad.

agua
guijarros
tierra
arena

2 Uno a uno, agrega el colorante de comida, el aceite vegetal y la basura al vaso. Observa lo que le sucede al agua después de que se agrega cada elemento. Registra tus observaciones en un cuadro como el siguiente.

	Colorante para comida (pesticidas/fertilizantes)	Aceite vegetal (aceite de motor)	Tierra, arena y guijarros	Basura
Color				
Espesor				
¿Natural?				
¿Removible?				

3 Intenta quitar los elementos del agua. Registra en tu cuadro qué fue fácil y qué fue difícil quitar.

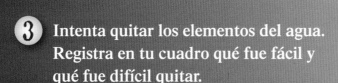

4 Analiza el efecto que cada elemento tendría en la vida animal y vegetal. ¿Qué elementos se agregan naturalmente al agua? ¿Qué elementos añaden las personas?

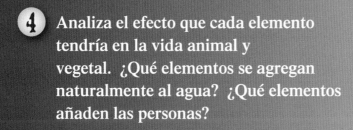

Glosario

acuífero: capas de roca o arena que pueden absorber y contener el agua

bacterias: pequeños organismos que descomponen plantas y animales muertos

combustibles fósiles: combustibles que se forman en la Tierra a partir de plantas o animales muertos

dióxido de carbono: gas que se produce cuando los animales y las personas exhalan o cuando se queman determinados combustibles

ecosistemas: todo lo que existe en un determinado medio ambiente

elementos: sustancias básicas que están compuestas por átomos de un solo tipo y que no se pueden separar por medios químicos comunes en sustancias más simples

fotosíntesis: el proceso en el cual las plantas usan la luz solar para mezclar agua y dióxido de carbono a fin de elaborar su propio alimento (glucosa)

hongos: organismos que no tienen clorofila y que comen materia no viva

nitratos: compuestos químicos que contienen oxígeno y nitrógeno y se usan en fertilizantes

nutrientes: sustancias que necesitan los seres vivos para crecer

proteínas: sustancias que se encuentran en la carne, las legumbres y las nueces, que ayudan a construir los tejidos de los seres vivos

Índice

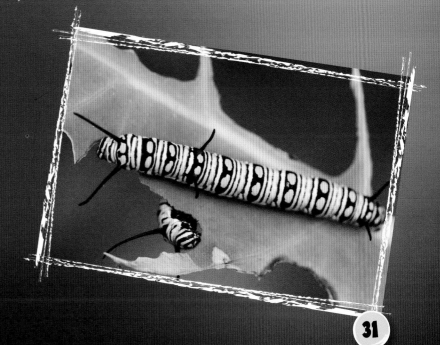

¡Tu turno!

Evidencia diaria

Busca evidencia de los ciclos de la Tierra en la vida diaria. ¿El ciclo del agua crea charcos en el patio de juegos? ¿Los insectos de tu jardín trabajan mucho para realizar el ciclo de los nutrientes? Escribe una lista con la evidencia que encuentres. ¿Cómo se relacionan estos ciclos entre sí?